생명에게 배운다

③
함께 산다는 것

글쓴이 마승애

야생동물 수의사로 서울대공원, 에버랜드 동물원, 야생동물 구조 센터 등에서 20년간 일했습니다. 지금은 동물행복연구소 공존의 대표로 동물 관련 정책과 법률, 생태, 보전, 복지를 연구합니다. 한겨레신문에 '내 이웃의 동물들' '동물학교'를 연재하고 있으며, 동물의 이야기를 알리기 위해 여러 매체에 글을 씁니다. 사람과 동물의 행복한 공존을 꿈꿉니다.

그린이 김혜정

동물 복지와 환경 문제에 관심이 많은 일러스트레이터입니다. 고양이 두 마리와 함께 살고 있습니다. 이렇게 쉽고 재미있는 생명에 대한 책이 제 어린 시절에도 있었더라면 지금쯤 좀 더 멋진 어른이 되었을 텐데 하는 아쉬움이 듭니다. 그동안 『마음을 그리다』를 쓰고 그렸고, 『닭님의 전설』 등에 그림을 그렸습니다.

생명에게 배운다
③
함께 산다는 것

마승애 씀 · 김혜정 그림

낯은산

● 차례 ●

들어가는 말 6

 동물을 키우고 싶다면 8

 앵무새는 어디에서 왔을까? 16

 공장식 농장에서 무슨 일이 있었나? 22

 실험동물에게도 야생 본능이 남아 있을까? 28

 산천어를 잡는 축제 36

 동물원을 없앨 수 있을까? 42

 새가 집 짓는 모습을 본 적 있나요? 50

 한국호랑이는 지금 어디에 있을까? 56

 플라스틱을 버리면 벌어지는 일 62

 북극곰은 왜 점점 더 말라 갈까? 68

나가는 말 74

■ 들어가는 말 ■

다른 눈으로 바라보면

중학교 2학년 때였어요. 길에서 비둘기를 봤어요. 그 비둘기는 한쪽 다리가 실에 묶여서 발이 퉁퉁 부어 있었고 심하게 절뚝거렸어요.

비둘기를 도와주고 싶었어요. 붙잡아서 살펴보려 했는데 비둘기는 발이 아픈데도 어찌나 재빠르게 피하던지 도무지 잡을 수가 없었어요. 일주일이나 쫓아다니다가 아버지의 도움을 받은 끝에 간신히 비둘기를 잡을 수 있었어요.

비둘기를 안고서 바로 동물 병원에 뛰어갔지만 그 시절에는 비둘기를 치료해 줄 수 있는 수의사가 없었어요. 하는 수 없이 비둘기 다리에 묶인 실을 풀고 상처 났을 때 쓰는 약을 발라 주었어요. 그것 말고는 할 수 있는 일이 없었어요. 애써 봤지만 결국 비둘기는 발을 잃고 말았어요. 그때 정말 마음이 아팠어요.

벌써 30년 전 일이에요. 그 일을 겪고 나서 나는 야생동물을 지켜 주는 수의사가 되겠다고 결심했어요. 동물의 눈으로 세상을 바라보게 된 것도 그즈음의 일이지요. 한번 동물의 눈으로 세상을 바라보기 시작하자 그동안은 눈에 보이지 않았던 세상이 보이기 시작했어요. 우리 주변에는 다양한 생명이 함께 살아가고 있다는 것을 알게 되었지요.

안타깝게도 지구 환경은 너무 많이 파괴되었어요. 지구 곳곳에서 이상 기후가 자주 나타나요. 홍수와 가뭄이 심해졌고, 황사와 미세먼지도 늘어났어요. 천적이 없어진 멧돼지는 마을로 내려오고, 굶주린 북극곰은 마을의 쓰레기장을 찾아와요. 오염된 환경에서 사람들 건강도 위협받고 있어요. 자연을 함부로 대한 대가를 우리가 지금 되돌려 받기 시작한 거예요.

이제부터라도 생명을 가진 모든 것을 아우르는 새로운 삶의 방식을 찾아야 해요. 사람과 동물과 자연이 함께 살 수 있는 방법을 찾아야 해요. 동물의 눈으로 세상을 바라보면 우리가 무엇을 해야 하는지 알 수 있어요. 지금부터 우리 이웃에 사는 동물들의 이야기를 하나씩 들어 볼래요?

　수의사가 되기로 결심한 뒤, 집에서 강아지를 키우고 싶었어요. 동물을 키워 봐야 왠지 더 훌륭한 수의사가 될 것 같았거든요. 솔직히 말하면, 애완동물 가게에서 본 강아지가 너무나 예뻐서 데려오고 싶었어요. 하지만 엄마는 집에서 강아지 키우는 것을 반대했어요. 그래서 사고를 쳤어요. 저금통에 있던 용돈을 털어서 강아지를 사 온 거예요. 물론 얼마 안 가 바로 들통나 버렸지요. 내가 학교에 가 있는 동안 강아지는 배가 고파서 낑낑대며 울었거든요.

　몰래 강아지를 키우려는 계획은 실패했고, 부모님한테 엄청 혼이 났어요. 결국 강아지는 친구 집에 보내야 했어요. 하지만 강아지가 자꾸 떠올랐어요. 꼭 함께 살고 싶었어요. 진심을 다해 다시 부모님을 설득한 끝에 간신히 허락을 받고 강아지를 데리러 갔어요. 그렇게 우리 집에 온 강아지 몽실이는 우리 식구가 되었지요.

　그때부터 힘든 일이 시작되었어요. 몽실이는 건강하고 순한 요크셔

테리어였어요. 그런데 오줌을 잘 가리지 못해서 집 안이 엉망이 되었지요. 식구들이 바닥을 살피지 못하면 영락없이 오줌을 밟곤 했어요. 혼내기도 하고 잘 설명해 보아도 몽실이는 전혀 알아듣지 못했어요. 강아지 훈련법을 공부하고 강아지를 키우는 다른 친구에게 물어보기도 하면서 석 달 만에 겨우 오줌을 가리는 데 성공했어요.

어느 날 밤에 몽실이가 입에 거품을 물고 쓰러졌어요. 영양실조로 인한 저혈당증이었어요. 애완동물 가게에서는 원래 작은 크기의 강아지라며 밥을 적게 주라고 했어요. 그 말을 철석같이 믿고 밥을 적게 주었다가 벌어진 일이었지요. 한밤중에 몽실이를 안고 동물 병원 응급실에 뛰어가서 간신히 살려 냈어요.

몽실이를 키우면서 힘든 일이 참 많았어요. 하지만 몽실이는 무엇과도 바꿀 수 없는 소중한 친구였어요. 식구들이 집에 돌아올 때면 발자국 소리를 듣고 항상 문 앞에 나와 있곤 했지요. 집에 오면 나는 몽실이부터 안고 놀았어요. 부모님이 집을 비웠을 때, 학교에서 괴롭거나 힘든 일이 있을 때 몽실이는 큰 위로가 되었어요. 그렇게 몽실이는 우리와 함께 19년을 행복하게 살았어요.

하지만 몽실이처럼 오래 사는 강아지가 많지 않다는 사실을 알게 되었어요. 수의대를 졸업한 뒤, 나는 동물 구조 센터에 들어가서 일했어

요. 동물 구조 센터에는 하루에도 수십 마리씩 길에서 구조된 개와 고양이가 들어와요. 매일 해 질 녘이면 구조 차 안에 케이지가 켜켜이 쌓여서 들어오곤 했어요. 보통 하루에 열 마리 정도, 휴가철이나 명절 때는 서른 마리까지도 구조 센터로 왔어요. 따져 보면 우리 센터에만 한 달에 많게는 천 마리가, 1년 동안에 7천 마리 이상 온 거예요.

도대체 왜 이렇게 많은 개와 고양이가 버려지는 걸까요?

동물이 아플 때 치료할 돈이 없다거나, 사료나 필요한 용품을 살 돈이 부족해서, 가족의 동의를 받지 않고 데려온 경우 가족과 문제가 생겨서, 침대나 소파에 오줌을 싸서, 아파트에서 너무 시끄럽게 짖는 바람에, 휴가를 가고 싶은데 맡길 곳이 없어서 등의 이유로 버려지는 경우가 많았어요.

동물 구조 센터에서는 이렇게 버려진 동물을 구조해서 얼마간 보호를 해요. 그중 운이 좋은 동물은 곧 새로운 집으로 입양이 되기도 해요. 그렇지만 수의사인 내가 살린 동물보다 안락사로 죽인 동물이 더 많았어요. 동물을 구하고 싶어서 동물 구조 센터에 들어간 건데, 동물을 죽이는 일이 더 많으니 몹시 힘들었어요. 안락사를 해야 하는 날짜를 하루하루 넘기다가 급기야 두 달을 넘겨 버린 적이 있었어요. 그때 재활 치료사 한 분이 말했어요.

"선생님, 사료가 부족해요. 그리고 내일 새로 들어올 아이들이 있을 장소도 부족해요. 이 아이들이 입양되지 않을 거라는 걸 선생님도 잘 아시잖아요."

며칠을 미루다가 결국 또다시 안락사를 해야만 했어요. 이 글을 쓰면서 그때 일을 생각하면 아직도 눈물이 나요.

유기 동물 안락사는 여전히 반복되고 있어요. 지금도 우리나라에서 한 해에 자그마치 12만 1,077마리(2018년 농림축산검역본부 조사 기준)의 유기 동물이 구조돼요. 이중 단 13퍼센트만이 주인을 찾아가고 30퍼센트 정도는 입양돼요. 하지만 24퍼센트의 동물은 구조된 뒤에 병으로 죽어요. 그리고 20퍼센트는 구조 센터에서 공간이 모자라 더 이상 돌보아 줄 수 없다는 이유로 원치 않는 죽음, 즉 안락사를 당해요. 구조되지 못하고 버려진 채 길거리를 헤매다 사고나 병으로 죽는 동물은 훨씬 더 많을 거예요.

이러한 일을 막으려면 버려지는 동물이 없어야 해요. 준비가 되지 않은 상태에서 무턱대고 동물을 키우지 않아야겠지요. 몽실이가 19년을 살았다고 했지요? 개나 고양이 등 반려동물은 15년에서 20년은 살아요. 그동안 집에 아기가 생긴다거나, 이사를 한다거나, 유학, 결혼 등으로 환경이 바뀌어도 한번 인연을 맺은 동물은 끝까지 책임지고 보살피겠다는 결심을 해야 해요. 반드시 모든 가족과 합의하는 것이 필요해요. 반려동물 한 마리를 키우려면 온 가족이 도와야 하기 때문이에요.

동물은 사람과 달라서 무엇을 어떻게 해 주어야 하는지 우리가 먼저 공부해야 해요. 어떤 특성을 가진 동물인지, 어떻게 돌보아 주어야 하는지, 배변 훈련 등 생활에 필요한 훈련법은 무엇인지, 중성화 수술이나 예방접종 등 건강관리는 어떻게 하는지 등을요. 서점에 가서 내가 키우려는 동물에 대한 책을 찾아보는 것도 좋고, 동물 보호 센터나 입양 센터에 가서 안내 교육을 들어도 좋아요.

준비가 끝났다면 동물을 데려올 수 있어요. 가능하면 가게에서 사지 말고 유기 동물을 입양해 주세요. 너무 많은 동물이 입양을 기다리고 있으니까요.

동물을 데려왔다면, 먼저 등록을 해야 해요. 일부러 버린 것이 아니라 잃어버려서 유기 동물이 되는 경우도 많아요. 목걸이형은 누군가 떼어 내면 그만이라서 내장형 마이크로 칩을 몸속에 심어 주는 것이 제일 좋아요.

그다음 필요한 것은 사회화 교육이에요. 강아지는 사람이나 다른 동물과 친해지는 시기가 있어요. 다양한 친구를 만나고 여러 곳에 다니면서 그 시기를 잘 보내면 편안한 강아지가 되고, 외롭게 갇혀서 홀로 보내게 되면 겁쟁이가 되어 잘 짖고 공격성도 커져요.
    동물을 키우는 일에는 정말 많은 노력이 필요해요. 하지만 제대로 준비가 된 이후 동물을 만나고 함께 시간을 보낸다면 우리도 동물도 분명 더 행복해질 거예요.

우리 집은 산 아래에 있어요. 커다란 산과 산 사이 계곡은 산자락 마을 개천으로 이어지고, 개천을 따라 흐르는 물은 한강으로 흘러 들어가요. 마을 길을 지나 개천을 따라 쭉 걷다 보면 새를 많이 볼 수 있어요. 짹짹거리며 덤불 안팎을 오가는 참새들, 배가 주황색인 작은 딱새, 산속에 사는 고운 파랑새, 하늘 높이 나는 흰꼬리수리……. 볼 때마다 느끼지만 새는 무척이나 아름다워요.

야생에서 사는 새를 보다 보면 집에서 키우고 싶은 마음이 들 수도 있어요. 이런 마음을 가진 사람이 많아서 그런지 새를 파는 가게도 있어요. 가게에서는 앵무새가 가장 많이 팔려요. 알록달록 화려한 색이 아름답고, 영리하기까지 한 앵무새는 잘 가르치면 말도 할 수 있어서 매력이 넘쳐요. 하지만 그 앵무새들이 어디서 어떻게 왔는지 알고 있나요?

몇 년 전, 한 앵무새 농장에서 있었던 일이에요. 농장 주인은 남아메리카에서 아마존앵무새 예순 마리를 한국으로 데려왔어요. 아마존앵무새는 몸은 초록빛이고 머리에는 마치 모자를 쓴 듯 하늘색이나 붉은색, 노란색 깃털이 나 있는 예쁜 새예요. 아마존앵무새는 농장에 들어오자마자 심하게 앓기 시작했어요. 몸을 부풀리고 눈을 감고 꾸벅꾸벅 졸면서 사료도 먹지 않았어요. 밤사이 힘없이 우는 소리를 낼 뿐이었어요. 결국 비행기를 타고 한국에 온 지 하루 만에 열 마리 넘게 죽고 말았어요. 그게 끝이 아니었지요. 농장 주인은 온도도 조절해 보고 영양제도 먹이며 여러 방법으로 노력해 보았지만 아무 소용이 없었어요. 그렇게 한 달이 지나 결국 아마존앵무새는 여섯 마리만 살아남았어요. 농장 주인은 수의사에게 부검을 의뢰했어요.

"앵무새들 폐 속에 곰팡이가 가득해요."

곰팡이는 아스퍼질러스로 밝혀졌어요. 아스퍼질러스는 보통 새들의 폐에 조금씩 있어요. 그 곰팡이가 있다고 모두 죽지는 않아요. 하지만 새들이 극심한 스트레스를 받을 때는 면역성이 낮아져요. 그 틈을 타서 이 곰팡이가 점차 덩어리를 이루어 자라지요. 덩어리가 커지면 폐가 망가져 죽게 돼요.

농장 주인이 사 온 앵무새는 야생에서 밀렵되었어요. 자유롭게 살던 새들은 좁은 공간에 갇히면 매우 힘들어져요. 농장에서는 공장에서 만든 앵무새용 건사료와 해바라기씨 등 곡식과 한국산 과일을 주었는데,

원래 살던 남아메리카에서 자라는 야생 열매와는 너무나 달랐지요. 그 때문에 먹는 것조차 적응하기 어려웠어요.

또 이런 일도 있었어요. 2015년 인도네시아 수라바야의 한 항구에서 검은색 가방 하나가 경찰에 신고되었어요. 가방 안에서 끽끽거리는 소리가 들려 이상하게 여긴 사람이 경찰을 부른 것이었지요. 뜻밖에도 그 가방에서 작은 페트병 스물한 개가 나왔는데, 페트병 안에는 야생에서 불법으로 잡아 온 멸종 위기 유황앵무가 들어 있었어요. 가방에 유황앵무를 많이 담아서 몰래 가지고 나오려니, 옴짝달싹 못 하도록 페트병에 넣은 것이었어요. 경찰의 도움으로 유황앵무는 구조되었어요. 하지만 아홉 마리밖에 살아남지 못했어요.

왜 이런 일이 생겼을까요? 물론 모든 앵무새가 밀렵을 통해 한국으로 들어오는 것은 아니에요. 이미 오래전부터 전문가들 손에 길들여져서 사람과 편안하게 사는 앵무새도 있어요. 그러나 이런 앵무새는 1년에 하나나 둘 정도의 새끼밖에 얻지 못하기 때문에 가격이 아주 비싸요. 그러니 손쉽게 야생 앵무새를 잡아다가 파는 것이지요. 사람들은 앵무새가 어디에서 어떤 고통을 받으며 이곳으로 왔는지 모른 채 예쁘고 신기하다는 이유로 점점 더 많이 찾고 있어요.

깃털 없이 피부가 모두 드러난 앵무새를 동물 병원에서 본 적도 있어요.

그 앵무새는 심한 스트레스로 스스로 깃털을 뽑아서 그렇게 되었어요. 앵무새는 야생에서 무리를 이루어 사는 동물로, 혼자 있으면 외로움을 견디지 못해요. 앵무새와 하루 종일 놀아 주고 돌보아 주어야 했는데 주인은 그러지 못했어요. 이런 경우는 안타깝게도 치료도 잘 되지 않아요.

요즘엔 사막여우나 미어캣, 라쿤 혹은 심각한 멸종 위기에 처한 야생 원숭이를 키우려는 사람도 있어요. 이들 대부분은 사람과 살기에 적합한 종이 아니에요. 대부분 냄새가 심해 집 안에서 키우려면 목욕을 시켜야만 해요. 그런데 이 동물들은 목욕을 시키면 스트레스를 심하게 받아요. 야생성이 살아 있어서 사람이 안거나 만지는 것도 매우 싫어해요. 이 동물들에게 필요한 환경은 집 안에서 만들어 줄 수가 없어요. 동물원에서는 동물사 하나를 통째로 자연과 유사하게 만들어 주는데 그래도 야생에서 살던 것에 비해 좁고 불편해서 힘들어해요. 비좁은 실내 동물원도 결코 좋은 환경이 아니에요. 야생동물은 절대 집 안에서 키워서는 안 돼요.

야생동물은 언제 가장 아름다울까요? 자연에서 자유롭게 살고 있을 때 가장 아름다워요. 그들을 잡아서 내 집 안에 가두는 것보다는 스스로 살아갈 수 있도록 지켜 주는 것이 우리가 할 일이에요.

옛날에는 닭을 마당이나 들판에 풀어서 키웠어요. 하지만 인구가 늘고 닭고기를 찾는 사람들이 폭발적으로 많아지면서 닭을 키우는 방법이 공장식으로 바뀌었어요. 적은 비용으로 효율적으로 키우기 위해 수백에서 수천 마리의 닭을 한꺼번에 키우게 된 것이지요.

공장식 농장에서는 최소한의 공간만 주어지기 때문에 닭들은 다닥다닥 붙어 있어야 해요. 이런 곳에서는 날아오를 공간은커녕 날갯짓을 할 여유도 없지요. 들판에서처럼 나뭇가지에 올라가 꾸벅꾸벅 졸며 한가로운 시간을 보낼 수도 없고요. 지금도 전 세계에서는 사람들이 1년에 약 200억 마리의 닭을 먹는데 그중에 70퍼센트 정도가 공장식 농장에서 키워져요.

2017년 식품의약품안전처 검사관이 산란계 농장에 찾아갔어요. 식품의약품안전처는 사람들이 평소 먹는 음식 재료가 안전한지, 나쁜 성분은 없는지 검사하는 기관이에요. 검사관은 농장에서 달걀을 가지고 가서 검사했어요. 달걀 검사 결과를 본 검사관은 깜짝 놀랐지요.

"달걀 껍데기에서 피프로닐, 비펜트린, DDT가 나왔어!"

이건 매우 독성이 강한 살충제 성분이에요. 이 살충제가 사람이나 가축 몸에 들어가면 신경, 면역, 유전, 생식, 소화, 피부 등에 문제가 생길 수 있고, 암까지 일으킬 수 있어요. 우리가 자주 먹는 달걀에서 이런 성분이 나왔다는 건 정말 큰일이었어요. 지금껏 얼마나 많은 사람이 살충제로 오염된 달걀을 먹어 왔을지 짐작조차 할 수 없었지요.

어떻게 살충제 성분이 달걀에서 나온 걸까요? 원인은 공장식 사육 방식이었어요. 공장식 농장의 닭은 배터리 케이지에서 살아요. 배터리 케이지는 보통 공책 크기, 즉 가로 20센티미터, 세로 25센티미터의 밀집형 닭장을 말해요. 이 작은 상자에 갇힌 닭은 평생토록 알만 낳고 살아요. 옆의 닭을 쪼아서 다치게 할까 봐 부리와 발톱도 잘라 버려요. 몸을 제대로 한 바퀴 돌릴 수 없을 정도로 좁아서 꼬리털도 제대로 자라지 못해요.

이렇게 사는 닭은 스트레스를 받아서 몸이 약해져요. 전염병도 자주 걸리니 항생제를 계속 먹여요. 흙 목욕도 할 수 없으니 진드기도 서로서로 옮기게 되지요. 진드기나 벼룩 등으로부터 닭을 보호하기 위해 농장 주인은 살충제를 잔뜩 뿌리게 되었어요. 그래서 살충제 성분이 달걀에서도 나올 수밖에 없었던 거예요.

공장식 사육 때문에 닭은 사는 내내 고통받아요. 그로 인해 어느새 사람의 생명도 위협받게 된 것이지요. 닭은 공장식 사육 방식으로 키울 수밖에 없는 것일까요?

최근에는 동물 복지 농장이 주목받고 있어요. 공장식 농장과는 다른 방법으로 동물을 키우는 농장이에요. 동물에게 기본적인 삶의 조건을 갖추어 주는 것이 목적이에요. 동물의 건강과 복지가 지켜지면 사람도 안전해진다는 사실을 깨닫게 된 거예요.

동물 복지 농장에서는 닭을 자연에 풀어서 키워요. 닭이 좋아하는 횃대를 만들어 주고, 알을 편히 낳을 수 있도록 깨끗한 보금자리도 마련해 주지요. 흙 목욕도 할 수 있어요. 이런 환경에서 사는 닭은 질병에도 잘 버텨서 건강한 알을 낳아요.

닭만 공장식으로 키우는 것이 아니에요. 소나 돼지 같은 가축들도 공장식 농장에서 몸을 한 바퀴 돌리기 힘든 비좁은 공간에서 살아요. 많이 움직이지 못하게 해서 살을 찌우는 거예요. 또 고기가 부드러워지라고 동물 몸에 맞지 않는 사료를 먹여요. 동물들은 내내 위장병과 고지혈증에 시달려요. 빨리 자라라고 호르몬제를 사용하기도 하고, 자꾸 아프니까 항생제를 먹이기도 해요. 이러한 물질은 동물 몸에 있다가 우리 몸속으로 들어와요. 건강한 동물의 고기나 알이 사람에게도 좋다는 건 잠시만 생각해 봐도 알 수 있는 일이에요. 동물의 건강은 그들만의 문제가 아니라 우리의 미래와 건강과도 연결되어 있어요.

우리가 고기를 많이 먹으면 먹을수록 공장식 사육은 사라지기 어려워요. 고기를 단번에 먹지 않는다는 건 정말 힘든 일이란 걸 알아요. 그렇다면 이렇게 해 보세요. 고기를 먹는 날이 매일이라면 일주일에 두세 번으로, 일주일에 두세 번이라면 한 번으로 줄이는 노력을 해 보는 거예요.

그리고 고기나 달걀을 살 때는 동물 복지 인증 제품을 골라요. 우리 농산물이나 유기농 축산물을 전문으로 파는 곳이 있어요. 동물 복지 인증 축산물은 사실 아직은 많지 않고 찾기가 꽤나 힘들어요. 하지만 점점 더 찾는 사람들이 늘어난다면, 더 많은 동물이 사는 동안만이라도 건강하게 지낼 수 있을 거예요. 그리고 그것이 결국 우리의 삶에도 도움이 될 거예요.

약이나 화장품, 세제와 같은 생활용품이 새로 개발되면 사람에게 해가 있는지 없는지 어떻게 알 수 있을까요? 동물을 대상으로 먼저 실험을 해서 안전한지 알아봐요. 반복적으로 동물에게 써 보고 괜찮다고 판단이 되면 그때 사람에게 쓰기로 결정하는 거예요.

실험동물에게 약을 먹이거나 주사를 놓기도 해요. 화장품 같은 경우 쥐나 토끼의 눈과 피부에 발라 봐요. 발라서 이상이 생기면 사람에게 쓰지 못하게 하지요. 사람에게 이러한 실험을 할 수는 없으니, 그 대신 동물을 이용하는 거예요.

동물 실험 덕분에 그동안 과학과 의학 분야가 커다란 발전을 이루어 온 것이 사실이에요. 불치병 치료제 개발 등 아직도 실험동물이 불가피하게 필요한 분야가 많아요. 동물 입장에서는 실험을 중단하는 게 좋겠지만, 모두 중단하기는 어려워요. 어떻게 해야 할까요? 마음이 아프고 불편하니 그저 눈을 돌려 버리는 것이 최선일까요?

영국 옥스퍼드 대학의 마뉴엘 베르도이 교수는 동물 행동을 연구하는 학자예요. 옥스퍼드 대학의 여러 연구실에서는 수많은 실험동물로 연구를 하지요. 그중에서도 실험용 쥐인 래트가 제일 많아요. 래트는 자그마치 200세대 이상을 실험실의 네모난 케이지에서 살아왔어요.

어느 날, 래트를 바라보던 베르도이 교수는 궁금해졌어요.

"저 쥐들은 톱밥이 깔린 네모난 케이지 안에서 불만 없이 사는 것처럼 보이는데, 이게 정말 익숙하고 좋은 걸까?"

자연에서 살아온 본능을 잊어버렸을 테니, 폭신한 톱밥과 먹이와 물이 충분한 실험실 케이지가 그들에게 적절한 걸까? 하는 의문이 든 것이지요. 베르도이 교수는 실험을 해 보기로 했어요.

베르도이 교수는 평생을 실험실 안에서만 살아온 흰색과 점박이 래트 일흔다섯 마리를 모았어요. 바깥에 야생 환경을 만들어 놓고 케이지 문을 열었지요. 처음에 래트는 선뜻 문밖으로 나서지 못하고 머뭇거렸어요. 그런데 30분 정도가 지나자 용기 있는 점박이 래트 한 마리가 나섰어요. 그 점박이 래트는 평소에 장난기가 많았어요. 그러자 다른 래트도 하나둘씩 따라나서기 시작했지요. 곧 신기한 일이 벌어졌어요. 래트들은 어느 곳에 물이 있는지, 먹을 만한 것은 무엇인지 금세 찾아냈어요. 비가 오자 지푸라기 속에 은신처를 만들어 모두 안전하게 숨었어요.

며칠 뒤, 지푸라기 은신처는 근사한 아파트로 변신했어요. 방 여러 개가 수많은 통로로 연결되어 마치 야생 쥐들이 사는 집과 거의 같은 모습이었어요.

베르도이 교수는 또 궁금했어요.

"평생 한 가지 사료만 먹던 쥐들이 다양한 야생의 먹이를 영양에 맞게 잘 찾아 먹을까?"

동물들이 맛을 느끼는 건 생존을 위해 필요한 기술이에요. 맛이 좋으면 보통 몸에 필요하거나 좋은 음식이고 무언가 씁쓸하거나 맛이 안 좋으면 몸에 해롭다고 느끼지요. 잡식 동물인 래트는 자연에 있는 풀뿌리, 열매, 곤충을 찾아 먹었어요. 이것저것 맛보고는 어느 것이 맛이 좋았는지 친구들에게 전해 주기까지 했어요. 모두 너무도 빠르게 야생 먹이에 적응했어요.

그 뒤로 몇 달 동안 래트는 짝짓기와 조직적인 사회 활동, 고양이와 같은 천적에게서 도망가기 등 야생 쥐들이 자연에서 하는 생태 행동과 거의 비슷한 모습을 보여 주었어요.

베르도이 교수는 래트의 행동을 관찰하며 찍은 영상을 다큐멘터리 영화로 만들어서 발표했어요. 이 영화는 래트를 케이지 안에서 키우는 것이 적절하다고 믿었던 많은 연구자를 깜짝 놀라게 했어요. 이 영화를 본 야생동물 수의학자들이 말했어요.

"실험실에서는 한번도 보여 주지 않던 행동인 뛰어오르기를 단 며칠 만에 야생 쥐와 똑같이 하고 있어요!"

"200세대가 지나도 야생의 본능을 빼앗는 것은 불가능하다는 사실이 밝혀졌군요."

베르도이 교수는 이렇게 말했어요.

"우리가 야생으로부터 동물을 분리해 낼 수는 있겠지만, 동물에게서 야생의 습성을 없애지는 못할 겁니다."

완전히 길들여져 케이지 안에서만 살아온 래트도 다양한 선택의 기회가 있는 야생의 삶을 기억하고 있었던 거예요.

베르도이 교수의 연구가 알려진 뒤, 많은 학자가 실험동물에게 야생의 본능을 살릴 수 있는 환경을 만들어 주려고 노력해요. 케이지를 더 키우고 내부에는 다양한 은신처와 기구들을 넣어 주어요. 매일 똑같은 사료가 아닌 다양한 먹이도 주고요. 이러한 사육 방법은 동물들을 더 건강하게 만들어서 연구 결과도 더 신뢰성이 높게 나온다고 해요.

사람이 할 수 없는 일들을 대신해 주는 실험동물 덕분에 인류는 눈부신 발전을 이루었어요. 우주에 최초로 간 동물은 '라이카'라는 이름의 실험용 개였어요. 미지의 세계인 우주에 곧바로 사람을 보내는 건 너무 위험하기 때문에 실험용 개를 먼저 보내 본 거예요. 라이카는 치명적인 우주 방사능과 견디기 어려운 고온에서 버티다가 일곱 시간 뒤에 죽었어요. 라이카 이후로도 여러 동물이 우주로 보내졌고, 그 뒤 최초로 우주로 나간 사람은 여러 위험에 철저히 대비해서 무사히 지구로 돌아올 수 있었어요.

안타깝지만 당장 동물 실험을 금지할 수는 없어요. 하지만 래트의 사례에서처럼 실험동물에게 충분한 삶의 질을 보장해 주는 것은 가능한 일이에요.

이제는 과학이 충분히 발전했어요. 덕분에 많은 회사에서 동물을 이용하지 않는 실험 방법을 개발했어요. 동물 실험 없이도 만들 수 있는 제품을 내놓고 있고요. 기존에 연구가 되어서 사람에게 사용해도 안전한 성분으로 제품을 만들면 새로 실험을 하지 않아도 돼요.

대체 연구법도 있어요. 예를 들면, 동물이나 사람의 조직 또는 세포를 배양해서 실험할 수 있는 물질을 만들고, 이를 이용해서 살아 있는 동물의 희생 없이 필요한 실험을 하는 방법이에요.

아직까지 대체 연구법으로 동물 실험 전체를 대신하지는 못해요. 그래서 무분별한 동물 실험을 막고, 동물을 보호하기 위한 윤리 원칙을 마련해서 지키려고 노력하고 있어요.

첫 번째, 대체할 수 있다면 실험동물을 쓰지 않아요. 배양된 조직이나 컴퓨터를 이용해 모의실험을 할 수 있다면 그 방법을 먼저 찾아보는 거예요. 두 번째, 실험동물의 수를 줄여요. 가능한 한 적은 수의 동물을 사용하여 더 많은 정보를 얻을 수 있도록 노력해야 해요. 세 번째, 어쩔 수 없이 동물실험을 해야 한다면 동물이 겪어야 하는 고통을 최소한으로 줄여요. 적절한 진통제와 마취제를 사용하고, 위생적인 환경과 충분한 먹이, 충분한 공간, 움직일 수 있는 여건을 마련해야 해요.

실험에 이용되는 동물이 가능한 한 줄어들면 좋겠어요. 앞으로 대체 연구법이 더 발전한다면, 더 이상 실험동물을 희생시키지 않아도 되는 세상이 올 거예요.

  연어와 닮은 산천어는 민물에서 사는 물고기예요. 원래는 동해 바다와 가까운 영동 지방의 강 상류에서 주로 살았대요. 민첩하고 조심성이 많아서 야생에서는 실제로 보거나 잡기가 힘든 물고기예요. 강에서 산천어는 산에서 호랑이처럼 최상위 포식자예요. 즉, 다른 먹이 대상 동물이 많아야만 살 수 있는 귀한 물고기예요. 안타깝게도 지금은 환경이 많이 파괴되었어요. 그래서 경상북도 울진 북쪽에서 동해로 흘러가는 하천에서만 산천어를 볼 수 있어요. 그런데 매년 겨울이 되면 울진이 아닌 다른 지역에서 산천어 축제가 열리고 있어요. 그 산천어는 과연 어디에서 온 것일까요?

  눈이 내리고 강에 얼음이 꽁꽁 어는 2018년 1월에 산천어 축제가 열렸어요. 이번 축제에서는 특별한 일이 일어났어요. 몇 무리의 사람들이 카메라를 들고 품속에 무언가를 숨긴 채 나타났어요. 그들은 축제장 이곳저곳을 다니면서 사진과 동영상을 찍기 시작했어요. 입에 낚싯바늘이 걸린 채 물 밖에 나와 입을 뻐끔뻐끔 벌리고 있는 산천어의 모습과 사람 수십 명이 물에 들어가 맨손으로 산천어를 잡는 모습이 찍혔지요. 만약 지역 축제 홍보 방송을 하러 나온 사람들이었다면, "와! 정말 싱싱한 산천어예요!"라거나 "생생한 축제 체험 정말 즐거워요!"라고 했을 텐데 영상을 찍던 사람들은 심각한 표정을 지은 채 품속에 넣어 둔 피켓을 꺼내더니 큰 소리로 외쳤지요.

"재미로 생명을 죽이는 '학대 축제' 즐겁습니까?"

"지옥과 같은 살상 체험 축제는 이제 그만하라!"

"지역 생태계를 파괴하는 행동을 멈추어라!"

이들은 동물 보호 단체와 생물 다양성을 연구하는 단체에서 나온 사람들이었어요. 이들의 염려는 이런 것이었어요.

축제에 쓰이는 산천어는 일본산 양식종이거나 교잡종이에요. 이런 외래종을 우리나라 강에 풀어놓게 되면 우리 생태계가 심각하게 파괴될 수 있어요. 또한 산천어 축제를 위해 강을 막고 강바닥을 긁어내고 얼음 낚시터와 놀이터를 만드는데, 이 때문에 본래 이곳에 살던 어름치와 여러 생물이 피해를 당하고 있어요. 그뿐만이 아니에요. 수많은 산천어를 낚시장으로 옮기면서 가짜 미끼를 잘 물라고 닷새나 굶긴대요. 그리고 이동 후에는 비좁은 얼음 낚시장에서 먹이 부족과 산소 부족에 시달리지요. 그다음에는 알다시피 사람들에게 잡혀 죽거나 낚싯바늘에 몸이 꿰여서 상처를 입어요.

축제 기간 내내 이렇게 고통받는 산천어가 약 80만 마리나 된다고 해요. 생명을 오락거리로 생각하는 이런 잔인한 모습은 보는 것 자체로 괴로운 일이에요. 그런데도 이들 단체의 항의는 잠시의 논란거리였을 뿐 여전히 산천어 축제는 대성공을 거두었어요.

산천어 입장에서 생각해 봐요. 차로 이동하는 동안 굶고, 산소가 부족한 얼음 밑에서 낚싯바늘을 피해 다니다가, 얼음 위에서 찔러 대고 만져 대는 손길에 괴로워하면서 숨이 멎을 때까지 10여 분 이상을 뻐끔거리는 거예요. 축제의 하이라이트는 산천어 맨손 잡기라니, 상상만으로도 끔찍하지요.

산천어를 잡아먹을 수 있어요. 하지만 소나 돼지 같은 축산 동물조차 고통을 주면서 죽이는 것은 금지해요. 생명에게 불필요한 고통을 주는 행위는 비윤리적이지요. 먹기 위해서 동물을 죽여야만 한다면 가능한 한 빠르게 고통을 최소화하는 방식이어야 해요.

이러한 축제에 참여하는 체험 활동은 좋은 교육이 아니에요. 자칫하면 동물을 마음껏 만지고 고통스럽게 잡아 죽이는 것이 재미난 놀이라고 생각할 수도 있어요. 게다가 맨손으로 어류를 만지면 동물과 사람 간에 전파되는 마이코박테리아, 비브리오 등 전염병에 노출될 수 있어요. 특히 면역이 약한 사람들은 연조직염, 심장내막염, 수막염 등 심각한 질병에 걸릴 수도 있어요.

 이제 동물을 괴롭히는 축제는 그만 가도록 해요. 물고기 만지기 체험도 하지 않는 것이 좋아요. 민물고기 박물관, 바자회, 장터에 가 보면 금붕어와 송사리 등 물고기 만지기, 뜰채 잡기, 맨손 잡기 등의 체험이 있어요. 그곳에서 물고기들은 생사를 넘나드는 두려움과 스트레스에 시달려요. 물고기는 충분히 고통을 느낄 수 있는 존재예요. 특히 입 주위

나 몸통에는 신경세포가 몰려 있어 고통을 더 크게 느껴요.

물고기를 만나고 싶다면 계곡이나 강 바다에 물고기 도감을 들고 가요. 시골 개천에 가서 천천히 들여다보면 송사리, 피라미 같은 물고기를 찾을 수 있어요. 살아 있는 동물은 신비로워요. 산이나 바다에 갈 때 생물에 대한 책이나 다큐멘터리 등을 보고 미리 공부하면 훨씬 재미있어요. 찾기 힘든 귀한 물고기도 볼 수 있을지 몰라요. 알고 보면 훨씬 더 신기한 동물 세상이거든요.

동물원을 없앨 수 있을까?

한 동물원에서 있었던 일이에요. 어느 날, 사육사와 큐레이터는 반달가슴곰이 이상한 행동을 하는 것을 발견했어요. 큐레이터는 동물과 서식지 생태를 공부하여 동물사를 새로 짓거나 사육 환경과 방법을 연구하는 사람이에요.

"곰들이 왜 저렇게 하루 종일 왔다 갔다 하는 거지?"

"계속 같은 자리를 반복해 다녀서 땅이 반질반질해졌어요."

큐레이터가 곰곰이 생각해 봤어요. 원래 자연에서 곰은 나무를 타고 수백 미터를 오가요. 계절마다 바뀌는 나무 열매를 찾아 끊임없이 돌아다녀요. 그런데 동물원에서는 먹이를 주기 때문에 전혀 움직일 필요가 없어요.

"혹시 심심한 거 아닐까?"

곰이 같은 장소를 계속해서 왔다 갔다 하는 것은 심심함과 지루함에서 오는, 병적인 정형 행동이었어요.

동물원에는 사육사와 큐레이터 여러 명이 모인 팀이 꾸려졌어요. 반달가슴곰이 심심하지 않게 동물사 환경을 바꿔 보기로 한 거예요. 반달가슴곰은 나무 위에서 노는 것을 가장 좋아한다는 사실을 알아냈지만, 키 큰 나무를 구해 오는 건 쉽지 않은 일이었어요. 사육사들은 고민에 빠졌어요.

며칠이 지났어요. 동물원 직원 한 사람이 아침 출근길에 찾아왔어요.
"저 너머 아파트 공사장에서 커다란 나무를 버린대요."

다 같이 가 보니 아파트를 짓기 위해 자른 커다란 나무가 여기저기 쌓여 있었어요. 공사장 사람들은 흔쾌히 나무를 내주었어요. 커다란 크레인을 불러서 곰들이 사는 동물사 야외 놀이터에 나무를 옮겼어요. 곰들은 나무를 타고 다니고 나무껍질을 벗겨 먹기도 하며 신이 나서 놀았지요. 곰들은 더 이상 한곳을 반복해서 왔다 갔다 하지 않았어요. 이와 같은 활동을 '행동 풍부화'라고 해요. 동물들의 지루함을 달래 주기 위해 놀잇감을 주는 등 여러 환경을 제공하면 자연에서 하던 행동이 그대로 나타나는 거예요.

동물원 직원들의 노력으로 동물의 삶이 점차 나아지고 있어요. 몇몇 동물원은 동물을 학대하는 쇼를 중단했어요. 예산을 모아서 수십 년 전에 지은 네모진 구식 콘크리트 동물사를 부수고 새로 지었어요. 야외에서 흙을 밟을 수 있도록 방사장도 넓게 만들었어요. 폭포, 웅덩이 등 야생 서식지와 비슷한 환경도 조성해 주고 있어요. 동물들의 반응은 아주 좋아요.

한 침팬지 부부는 오랫동안 새끼를 낳지 못했는데, 자연적인 환경에 은신처도 마련된 새집이 생기자 새끼를 낳았어요. 전망대와 모래 놀이터를 만들자 미어캣은 자연에서와 같은 파수꾼 행동을 했어요. 모래를 파고 마구 뒹굴며 놀기도 하고요. 동물들이 이렇게 열렬한 반응을 보일 때는 직원들은 물론 동물원을 찾아온 관람객들도 행복해요.

요즘엔 긍정 강화 훈련을 통해 동물들의 스트레스를 덜어 주고 있어요. 긍정 강화 훈련이란, 맛있는 먹이 주기, 많이 칭찬하기, 긁어 주며 친숙함을 표시하기 등 동물이 좋아하는 것을 해 주면서 필요한 행동을 이끌어 내는 훈련 방법이에요.

동물은 상상 이상으로 영리해요. 예전에는 건강 검진을 위해 동물의 피를 뽑으려면 마취를 하거나 억지로 제압해야만 했어요. 그런데 맛있는 먹이를 주면서 스스로 다리나 꼬리를 내밀게 하는 긍정 강화 훈련을 제대로 하면, 마취나 강제적인 제압 없이 주사침을 찔러도 잠시 참을 수 있고, 치과 검진을 하도록 입을 벌리고 가만히 있을 수도 있어요. 이 훈련법은 동물과 대화하는 것과 같아요. 동물을 이해시켜서 필요한 행동

을 하게 하는 것이기 때문이지요. 물론 훈련 기술을 상당히 오래 수련해야 하고, 동물의 행동을 예측하는 연구가 필요하기도 해요.

그런데 왜 굳이 이런 노력을 하냐고요? 그냥 동물원 문을 모두 닫고 동물들을 원래 고향으로 돌려보내 주는 게 더 낫지 않을까요? 할 수만 있다면 정말 모두 돌려보내고 싶어요.

하지만 이미 자연 서식지가 너무 많이 파괴되었어요. 현재 자연에 사는 야생동물조차 살 곳이 부족해요. 동물원에 사는 동물 대부분은 갈 곳이 없어요. 편안히 먹고 자는 동물원 생활에 익숙해져서 야생 생활에 적응이 어려운 경우도 많아요.

그래서 동물원은 그 목적이 바뀌어 가고 있어요. 동물원은 동물원에 사는 동물을 위한 제2의 고향이 되어야 해요. 그리고 야생에 남아 있는 동물이 더는 멸종되지 않도록 돕는 역할을 해야 해요. 야생동물의 고향 서식지와 그들의 생명을 지키기 위한 보전 활동을 하는 거예요. 동물원은 동물이 미래에 다시 서식지로 돌아갈 수 있도록 동물의 씨앗인 유전 자원을 보호해요. 또한 사람이 동물의 서식지를 파괴하지 않도록 교육해요. 멸종 위기 동물 보호에 필요한 모금 활동을 하기도 해요.

동물권을 헌법으로 보장하는 독일과 스위스 같은 나라에도 동물원이 있어요. 그곳의 동물원은 숲처럼 넓고 동물이 원래 사는 자연 서식지 모습과 거의 가깝게 만들었어요. 원래 서식지가 동물에게는 가장 편안한 환경이니까요. 그리고 동물 보존을 위한 각종 연구 활동과 교육이 활발하게 이루어져요. 도시의 동물원은 시민에게 자연 교육을 하는 중요한 장소가 되지요.

스위스 취리히 동물원에는 마조알라관이 있어요. 자연광이 들어오는 특수 재질의 커다란 돔 안에 아프리카 마다가스카르섬 마조알라 지역의 식생을 그대로 옮겨 왔어요. 풀 한 포기부터 그곳에 사는 벌레와 작은 포유동물까지 함께 어울려 살아요. 워낙 큰 돔이라서 그 안에 들어가면 여기가 스위스인지 아프리카인지 헷갈릴 정도예요. 동물은 넓은 곳에서 자유롭게 살아가고 동물원 직원들은 동물과 식물의 자연스러운 모습을 연구해요.

이 전시관은 특별한 시스템을 가지고 있어요. 이곳을 통해 아프리카 마조알라 지역 보전의 중요성을 전 세계 사람들에게 알리는 거예요. 그리고 마조알라 지역 보호 및 보전을 위해 필요한 기금을 모아서 아프리카로 다시 보내 주는 역할을 해요. 동물도 사람도 행복해지는 동물원이지요.

수많은 동물원을 당장 없애는 것은 불가능한 일이에요. 그보다 먼저 해야 할 일은 동물원에 사는 동물을 위해 환경을 자연에 가깝게, 더 좋게 만들어 주는 거예요. 그런 뒤에 언젠가 자연이 회복된다면, 동물원 동물은 자연으로 돌아갈 수 있을 거예요.

어느 봄날, 우리 집 앞 우체통에 작은 새 두 마리가 왔다 갔다 하기 시작했어요. 아기 손바닥만큼 작은 몸집에 뺨과 배는 흰색이고 머리는 검은데 목에서부터 아래로 마치 넥타이 같은 깃털이 나 있는 귀여운 박새였지요. 박새 두 마리가 우체통 안에 둥지를 지으려고 왔다 갔다 한 거예요. 집 근처 덤불에는 박새 무리가 살고 있는데, 보통 나무 구멍이나 돌담에 둥지를 지어요. 박새 부부는 마땅히 둥지를 지을 곳을 찾을 수가 없었던지 우리 집 우체통을 둥지로 점찍은 모양이었어요. 신기하기도 하고 걱정도 되어서 조심스레 관찰해 보았어요.

새들은 얼마나 부지런한지 몰라요. 일주일 내내 잠시도 쉴 틈 없이 이끼와 털, 나뭇가지, 지푸라기 등을 작은 부리로 하나하나 물어 왔어요. 금세 우체통 안이 가득 찼고 제법 훌륭한 둥지가 하나 지어졌지요. 그 뒤에 알을 자그마치 열두 개나 낳았어요.

이때부터 우리 가족은 우체통 쪽을 피해 다녔어요. 왜냐하면 박새는

아주 예민하거든요. 집배원 아저씨가 우편물을 우체통에 넣지 못하도록 안내문을 적어서 붙여 놓기도 했어요. 얼마 지나지 않아 어린 새들 소리가 들렸어요. 박새 부부는 먹이를 물어 와 아기들에게 먹이기 시작했답니다. 몇 주 뒤, 박새 열두 마리는 잘 자라서 모두 무사히 떠나갔어요. 더 이상 박새 가족을 볼 수 없어서 섭섭하긴 했지만, 그때 일은 우리 가족에게 행복한 추억으로 남아 있어요.

새가 집을 짓고 새끼를 키우는 시기를 몰라서 혹은 관심이 없어서 안타까운 일이 생기기도 해요. 경기도 탄천에서 벌어진 일이에요. 백로를 관찰하던 탐조가들은 갑자기 하늘이 하얀 백로 떼로 뒤덮인 걸 보고 깜짝 놀랐어요. 이러한 모습은 새를 관찰해 오던 몇 년 동안 본 적이 없었거든요. 가만히 살펴보니 백로들은 한자리에서 뱅뱅 돌며 어쩔 줄 몰라 하는 모습이었어요.

"쫴액! 쫴액! 쫴액!"

백로 울음소리가 나는 곳으로 가 보았더니 향나무 수십 그루가 쓰러져 있었어요. 그 향나무에는 백로 둥지가 모여 있었어요. 알은 떨어져 깨지고 아직 날지 못하는 새끼는 이곳저곳에 흩어져 어미를 찾아 울부짖었어요. 순식간에 둥지 수십 개가 파괴되어 어미 새들이 어찌할 바를 모르고 하늘만 맴맴 돌고 있었던 거예요. 둥지를 잃은 백로는 족히 100

마리는 되었어요.

　탐조가들은 시청 환경정책과에 신고했어요. 야생동물을 보호해야 할 의무가 있는 환경정책과 직원들은 나무 베기를 바로 중지시켰어요. 땅 주인은 이곳을 텃밭으로 만들려고 향나무를 베었대요. 백로가 있는 줄 몰랐다는 거예요. 죽어 가는 백로들을 살리기 위해 야생동물 구조 센터에서 출동했어요. 하지만 여러 노력에도 불구하고 결국 백로 수십 마리가 죽고 말았어요.

　똑같은 일이 수 년 전 경기도 고양시에서도 있었어요. 그때는 번식 중인 백로 1,000여 마리가 살던 숲을 모조리 베어 300마리 넘는 백로가 죽었어요. 이러한 참사는 멈추지 않고 계속되고 있어요.

　서울의 한 대학교에서는 이런 일도 있었어요. 대학교 안 커다란 호수 한가운데 있는 작은 섬에 몇 년 전부터인가 백로와 해오라기, 가마우지 등 물새들이 날아와서 둥지를 짓고 살았지요. 처음엔 적은 수였는데 어느새 그 수가 불어나 엄청나게 많아졌어요. 호수에는 물새 깃털과 똥이 고여서 썩고 냄새가 나기 시작했어요. 사람들은 섬에 있는 나무를 잘라서 새들을 쫓아 버렸어요. 그런데 그다음 해, 호숫가를 빙 둘러싸고 백로들이 둥지를 짓기 시작했어요. 섬에서 쫓겨난 백로는 갈 곳이 없어 호숫가를 선택한 것이었지요. 호숫가 둘레를 오가는 학생들은 백로 똥을 피하느라고 고생했어요. 새끼를 키우며 예민해진 백로는 둥지 바로 아래로 사람들이 지나갈 때마다 삐익삐익 울어 댔어요. 사람들은 고민했어요.

"백로들이 다른 곳으로 이사 가도록 할 방법은 없을까?"

하지만 백로들이 살기 좋은 강 주변 숲은 모두 사라지고 없었어요. 그곳엔 아파트가 가득 지어지고 있었어요. 백로가 살아왔던 서식지를 사람이 없앴고, 살 곳이 없는 백로는 사람이 지나다니는 길옆에 둥지를 지을 수밖에 없었던 거예요.

서식지 파괴는 엄청난 수의 동물을 다치거나 죽게 하는 일인데 이것에 대한 처벌은 현재까지 법으로 정해진 것이 없어요. 그래서 환경 단체에서는 관련된 법을 바꾸려고 노력하고 있어요. 서식지 파괴는 백로만의 문제가 아니에요. 산에서는 멧돼지가 먹이를 찾아 도심까지 내려와요. 너구리, 고라니, 족제비 등 수많은 동물이 살 곳과 이동할 길, 먹을거리를 찾아 사람이 사는 곳까지 내려오는 일이 많아졌어요. 사람이 편하게 살겠다고 동물이 살 곳을 다 빼앗아 버리면, 결국 사람도 편하게 살 수 없게 된다는 것을 기억해야 해요.

한국호랑이는 지금 어디에 있을까?

　내가 일하던 동물원에서는 한국호랑이를 극진하게 보호했어요. 한국호랑이는 국제적인 희귀종이기 때문이에요. 하지만 아쉽게도 지금 동물원에 있는 호랑이 가운데 우리나라에 원래 살던 호랑이의 후손은 한 마리도 없어요. 마지막으로 우리나라에서 잡혀서 동물원으로 옮겨졌던 호랑이는 아쉽게도 새끼를 낳지 못했거든요. 지금 동물원에 있는 호랑이는 우리나라에 호랑이가 다 사라지고 난 뒤에 뒤늦게 외국에서 들여왔어요. 그럼 한국호랑이는 멸종한 거 아니냐고요?

　다행히도 한국호랑이는 국제적으로 '아무르호랑이'라고 하는 호랑이와 정확히 같은 종이에요. 한국호랑이는 지구상에서 완전히 사라진 것이 아니라 한반도라는 특정 지역에서 사라졌어요. 호랑이는 워낙 넓은 영역에 퍼져 사는 동물이라서 우리나라에서 북한을 넘어 러시아까지 가서 살았기 때문이지요. 그래서 한국호랑이를 되살리는 일은 전 세계적으로도 얼마 남지 않은 러시아 지역의 아무르호랑이를 지키는 일과 맞

닿아 있어요.

　러시아에 있는 호랑이 보호구역에서 있었던 일이에요. 보호구역을 순찰하던 레인저들은 어느 순간 총소리를 들었어요. 레인저는 보호구역 안에서 호랑이들이 잘 살고 있는지 살펴보는 보호자예요. 밀렵 도구를 찾아서 없애고, 밀렵꾼들이 오지 않나 감시하기도 해요. 총소리가 났다는 건 어디선가 밀렵꾼이 나타나 호랑이를 위협하고 있다는 뜻이었어요. 레인저들은 싸움에 대비하여 총을 챙겨 들고 얼른 달려갔어요. 가 보니 커다란 어미 호랑이 한 마리가 쓰러져 있었어요. 그 옆엔 서너 명의 밀렵꾼들이 총을 들고 있었지요.

　"탕! 타당! 타당!"

　레인저들을 본 밀렵꾼들은 총을 쏘며 저항하다가 호랑이를 두고 달아나기 시작했지요. 목숨을 건 싸움이 벌어지려는 찰나에 한 레인저가 죽은 어미 호랑이 아래 간신히 숨을 쉬고 있는 새끼 호랑이를 발견했어요.

　"총을 맞았지만 아직 살아 있어! 어서 구조 센터로 옮겨야 해!"

　호랑이들을 이렇게 만든 밀렵꾼들을 쫓아가 잡고 싶었지만, 아기 호랑이를 구하는 것이 더 급했어요. 구조 센터로 이송된 아기 호랑이의 상태는 생각보다 심각했어요. 곧 러시아 전역에서 전문 수의사들이 달려왔어요. 여섯 시간이 넘는 대수술 끝에 아기 호랑이는 다행히 목숨을 구

했지요. 그 아기 호랑이의 이름은 사이한이에요. 사이한은 이후 어미를 잃은 암컷 호랑이 라조와 짝을 이루어 잘 자랐어요. 몇 년이 지나 다 자란 사이한과 라조는 야생으로 무사히 돌아갔어요. 목숨을 걸고 사이한을 구해 낸 많은 사람 덕분이었지요.

왜 호랑이를 보호해야 하는 걸까요? 그건 바로 호랑이가 생태계의 우산종이기 때문이에요. 우산종이란 우산처럼 생태계 피라미드의 하위 동물들을 감싸 안음으로써 생물 다양성을 지켜 주는 종을 말해요. 호랑이는 생태계의 최상위 꼭짓점에 있는 동물이라서 생태계의 조절자 역할을 해요. 최근 우리나라에서 멧돼지나 고라니로 인한 피해가 커지는 큰 이유 중의 하나는 생태계 질서를 지켜 주는 호랑이, 표범 등의 조절자들이 모두 사라졌기 때문이에요.

미국 옐로스톤 국립공원에서 이루어진 늑대 복원 프로젝트를 보면, 생태계 조절자의 역할을 알 수 있어요. 숲에서 사라진 늑대를 동물원 같은 보전 기관에서 번식을 시켰어요. 번식된 자손들은 야생에 적응하는 훈련을 받고 준비가 되면 원서식지로 돌아갔어요. 지리산에 반달가슴곰을 복원하는 것과 비슷한 방법이에요. 다행히 늑대들은 성공적으로 복원되어 스스로 무리를 이루고 번식해서 종을 유지할 수 있게 되었지요. 그러자 생태계의 조절 역할이 살아났어요. 늑대가 동물들을 다 잡아

먹어서 숲에 동물의 종과 수가 줄지 않을까 걱정했는데, 오히려 반대로 그 아래 먹이가 되는 동물들의 생물 다양성이 훨씬 더 풍부해졌어요. 이것이 바로 조절자의 역할이에요.

러시아와 중국의 생태 통로를 연장해서 호랑이가 원래 고향인 백두산까지 돌아오는 상상을 해 봐요. 호랑이가 조절자 역할을 해서 한반도 생태계를 회복시켜 줄 수 있을지도 몰라요.

멸종 위기 동물을 지키는 것을 보전이라고 해요. 호랑이 보전에서 큰 걸림돌 중 하나는 밀렵이에요. 호랑이 가죽이 탐나서, 뼈나 발톱 등을 약으로 쓰겠다고 아직도 밀렵이 많이 이루어지고 있어요. 밀렵은 호랑이뿐 아니라 코뿔소, 코끼리 등 야생동물에게 광범위하게 벌어져서 멸종을 재촉하고 있어요. 밀렵이 없어지는 것이 무엇보다 중요해요.

세계 곳곳에서 멸종 위기 동물들을 지키려는 보전 단체들이 활동하고 있어요. 우리나라에서는 한국범보전기금이라는 단체에서 한국호랑이 보전 프로젝트를 진행하고 있어요. 관심 있는 동물의 보전 프로젝트를 진행하는 단체를 찾아보고, 그곳에서 어떤 일들을 하는지 살펴보세요. 동물을 멸종 위기에서 구해 내려면 작은 관심이라도 모아야 해요.

 2017년 어느 날, 여수의 한 수족관으로 연락이 왔어요. 강원도 삼척에 사는 어부에게서 온 긴급한 전화였어요.

 "물고기를 잡으려고 설치해 놓은 그물에 바다거북 한 마리가 걸렸어요. 나가려고 애를 썼던 것인지 지쳐서 기운이 하나도 없어 보여요. 빨리 구조해 주세요."

 수족관 직원들은 팀을 이루어 함께 구조에 나섰어요. 항구로 옮겨진 커다란 거북이는 몸길이가 80센티미터는 되어 보였어요. 나이도 열여섯 살은 족히 넘어 보이는 암컷 붉은바다거북이었어요. 전 세계 해안에 퍼져 사는 종으로 우리나라 연안에도 살아요. 거북이는 하루의 85퍼센트를 물속에서 보내는데 그물에 걸려 11월의 차가운 바다 위에 있다 보니 추위에 기절한 것 같았어요. 붉은바다거북은 수온이 10도 이하로 내려가면 기절해요.

 수족관의 따뜻한 수조로 옮겨진 거북이는 며칠이 지나 기운을 찾는 것 같았어요. 며칠 뒤 거북이는 똥을 싸기 시작했어요. 그런데 똥 속에 전선, 노끈, 플라스틱 조각, 비닐봉지 등 각종 쓰레기가 마구 섞여 나왔어요. 힘들게 똥을 싸는 거북이의 눈빛은 고통으로 흔들렸어요. 단순히 그물에 걸려 지친 것만이 아니었어요. 너무 많은 쓰레기를 삼켜 배가 많이 아팠던 거예요.

 쓰레기를 빨리 배출하도록 하는 치료를 시작했어요. 소화가 잘 되는 먹이를 충분히 먹이고 장운동 촉진제를 주사했어요. 몇 달 동안 치료한 끝에 거북이는 깨끗이 나았어요. 이후 건강해진 거북이는 등갑에 GPS(인공위성을 이용해 위치를 알아낼 수 있는 기계)를 달고 바다로 돌아갔어요. 돌아간 거북이가 보내온 자료는 바다거북을 지키기 위한 생태 연구

에 도움이 될 거예요.

　최근 커다란 바다거북이 죽어 해변으로 밀려온 경우가 많았어요. 연구자들이 부검을 했더니 거북이 배 속에 비닐봉지, 페트병, 노끈 등 소화될 수 없는 쓰레기들이 가득했어요. 거의 모든 거북이 배 속에서 쓰레기가 나왔어요. 그중에는 쓰레기로 인해 장이 꼬여 죽은 거북이도 있었고요.

　태평양 한가운데에 우리나라 면적의 열다섯 배 크기의 거대한 쓰레기섬이 있다는 이야기 들어 보았나요? 세계 여러 나라에서 사람들이 버린

쓰레기가 바다로 흘러 들어갔고, 해류를 따라 한데 모여 거대한 쓰레기 섬이 만들어졌어요. 조사해 보니 대부분이 자연에서 분해되지 않는 플라스틱류로 이루어져 있는데 그 수가 1조 8,000억 개, 무게가 자그마치 8만 톤이래요.

바다거북뿐만 아니라 고래도 플라스틱 쓰레기를 먹고 많이 죽었어요. 먹이를 삼키려다가 함께 들이켜 삼킨 쓰레기 때문이에요. 바다거북은 둥둥 떠다니는 플라스틱이나 비닐봉지를 수초나 해파리로 착각해서 삼키는 경우가 많다고 해요. 바다거북은 네 시간까지 잠수가 가능하지만 15분에서 30분마다 한 번씩 물 위로 콧구멍을 내놓고 숨을 쉬어야 해요. 그때 콧구멍에 플라스틱 빨대가 끼어 죽을 뻔한 경우도 많아요.

플라스틱 쓰레기로 인한 해양오염은 정말로 심각해요. 플라스틱은 작게 쪼개질 뿐, 사라지지 않아요. 눈에 보이지도 않게 작아진 미세 플라스틱은 바다 생물의 몸속으로 들어가 염증, DNA 손상, 생식 이상 등 갖가지 질병을 일으켜요. 이런 미세 플라스틱이 들어간 생선이나 조개 그리고 바다에서 나는 소금 등은 우리 식탁에도 올라와요. 미세 플라스틱은 갈수록 많은 사람이 원인 모를 병에 시달리는 이유인지도 몰라요. 우리나라도 카페나 음식점 등에서 일회용 플라스틱 사용을 금지했어요. 하지만 아직도 플라스틱 컵과 비닐봉지, 빨대를 찾는 사람이 많아요.

음료수를 마실 때 빨대를 쓰지 않는 습관을 들여 보세요. 처음엔 불편해도 점차 습관이 되면 괜찮아요. 평소에 텀블러를 들고 다니는 것도 좋은 방법이에요. 비닐봉지 대신 장바구니는 필수지요. 강가나 바닷가에 놀러 가면 보이는 모든 쓰레기는 주워서 들고 오도록 해요. 내가 버리거나 줍지 않은 비닐봉지 하나, 플라스틱 빨대 한 개가 바람에 날려 바다로 흘러 들어갈 수 있어요. 그 플라스틱 쓰레기가 100년을 살아온 바다거북의 목숨을 단번에 빼앗을 수도 있다는 것을 꼭 기억해 주세요.

북극곰은 왜 점점 더 말라 갈까?

하얀 털에 통통한 몸매, 검은 눈과 코가 동그란 북극곰은 땅 위에서 최고로 몸집이 큰 육식동물이지요. 때로는 커다란 흰고래를 잡아먹을 정도로 무시무시한 힘을 가진 동물이에요.

북극곰의 흰 털이 사실 희지 않다는 것을 알고 있나요? 속이 비어서 마치 유리관 같은 투명한 털이에요. 빛이 반사되어서 하얗게 보이는 것뿐이지요. 왜 유리관 같은 털이냐고요? 몹시도 추운 북극에서 태양열을 한데 모아 검은 피부에 모두 전달하기 위해서예요. 북극곰은 영하 40도의 추위와 시속 120킬로미터의 난폭한 바람도 견뎌 낼 수 있는 동물이에요. 이렇게 힘도 세고 추위에도 강한 북극곰이 점점 말라 가고 있어요. 수도 줄어들고 있어서 현재 3만 마리 정도 남아 있는 북극곰의 수가 3분의 1까지 줄어들 것으로 예측하는 과학자도 있어요. 왜 이런 일이 생기는 걸까요?

2019년 새해 겨울, 북극 근처에 있는 러시아의 한 작은 마을에 북극곰

수십 마리가 나타났어요. 사람들은 모두 문을 걸어 잠갔어요. 아이들은 바깥에 나갈 수도 없었어요. 숨어서 지켜보던 사람들은 깜짝 놀랐어요. 북극곰들이 모두 쓰레기장으로 향하고 있었거든요.

북극곰은 바짝 말라서 뼈가 드러나 보였어요. 극심한 배고픔에 지쳐서 먹을 것을 찾아 헤매다 마을 쓰레기장까지 몰려 내려온 것이었지요. 유난히 따뜻한 날씨 때문에 북극해의 얼음이 녹아 버렸어요. 그래서 북극곰은 먹이를 찾아 얼음 바다로 나갈 수가 없었어요. 얼음 바다가 생겨야 얼음 구멍 사이로 숨 쉬러 나온 물범을 잡아먹을 수 있는데, 녹은 바다에서는 물범을 잡기가 힘들거든요.

비슷한 시기에 이런 일도 있었어요. 배를 타고 북극해를 지나던 연구자 두 명이 작은 얼음 조각에 올라탄 북극곰 어미와 아기를 발견했어요. 북극곰 모자가 걷던 바다 얼음이 갑자기 갈라지면서 순식간에 분리되어 나온 것이었지요. 좁은 얼음 조각에서 어미는 아기가 물에 빠질까 염려되어 전전긍긍했어요. 아기도 두려움에 떨고 있었지요. 연구자들은 그 곰들을 구해 주고 싶었지만, 가까이 갈 수는 없었어요. 북극곰은 몸무게가 약 200킬로그램으로 남자 어른의 두세 배쯤 되고, 무시무시한 이빨과 발톱을 가진 동물이라, 안타깝게도 구조하긴 힘들었지요.

이러한 일의 원인은 기후변화예요. 지난 100년 동안 지구의 평균 기

온은 섭씨 0.6도가 올라갔어요. 즉, 지구가 점점 뜨거워지는 거예요. 이것을 지구온난화라고 하지요. 그 때문에 강한 태풍이 자주 오거나 이상 폭우가 내리거나 가뭄이 드는 횟수가 늘어나고 있어요. 북극과 남극의 빙하도 녹아내리고 있어요.

지구온난화는 사람의 활동 탓이 커요. 자동차와 공장, 발전소는 지구를 뜨겁게 만드는 이산화탄소, 메탄, 오존 등 온실가스를 내뿜어요. 숲을 없애고 가축을 키우는 거대한 농장을 만드는 것 역시 지구를 뜨겁게 만들고 있어요.

지구가 뜨거워져 기후가 변하면 당장 우리 주변 생태계가 바뀌어요. 우리나라 동해를 누비던 명태는 수온이 더 낮은 러시아로 가 버렸어요. 우리나라의 해수욕장에는 전에 없던 해파리가 늘어났어요. 독성을 지닌 해파리는 원래 따뜻한 아열대 바다에 살았어요. 수온이 높아지자 우리나라 해변까지 오게 된 것이지요.

열대나 아열대 지역에서 살던 말라리아모기가 이제 우리나라 경기도에서도 발견되고 있어요. 말라리아모기가 퍼뜨리는 말라리아 열병은 열이 심하게 나다가 사람이 죽을 수도 있는 무서운 병이에요.

이렇게 동물, 식물은 물론 곤충과 질병까지 수만 년간 유지되어 오던 생태계의 질서가 바뀌고 있어요. 지구의 바다, 강, 산을 비롯해 땅과 공기와 식물과 동물 등 생물은 모두 서로 조화롭게 구성되어 진화해 왔어요. 변화가 급격하게 올 경우, 진화는 변화 속도를 따라가지 못해 결국 다수의 생물이 멸종할 수 있어요.

앞으로 평균 기온이 단 0.9도만 상승해도 지구상의 생물 20퍼센트가 멸종한다고 해요. 기후변화로 인해 이미 멸종한 것으로 최초로 알려진 동물은 코스타리카의 황금두꺼비예요. 기온이 높아져서 서식지인 웅덩이와 습지가 말라 버렸기 때문이에요. 해수면이 올라가서 멸종한 동물도 있어요. 오스트레일리아 그레이트 배리어 리프의 작은 산호섬에만 살던 브램블 케이 멜로미스라는 작은 쥐는 산호섬이 물에 잠겨 버리는 바람에 모두 멸종하고 말았어요. 기후변화로 남극 핼리만에 살던 황제펭귄 2만여 마리 무리는 3년째 번식에 실패했어요. 빙하가 너무 빨리 녹으면서 애써 부화시킨 새끼가 모두 물에 빠져 죽은 것이지요.

이제 기후변화는 북극곰만의 일이 아니에요. 당장 우리에게도 닥친 위험한 재앙이에요. 기후변화를 조금이라도 늦출 수 있는 방법을 찾아 행동해야 할 때예요.

■ 나가는 말 ■

모르는 척하지 않는 것

　너구리는 동물 구조 센터에서 많이 구조하는 동물 중 하나예요. 먹이가 부족해서 영양실조 상태로 발견되는 경우도 있고, 장염이나 개선충증 같은 병에 걸려서 구조되는 경우도 있어요. 가끔은 어미를 잃은 새끼들이 무더기로 들어오는 경우도 있지요.

　어느 날, 구조대원이 어린 너구리 한 마리를 구조해 왔어요. 얼른 진료대에 눕히고 몸을 살펴보니 목에서 피가 흐르고 있었어요. 털을 헤치고 보니 철사가 목에 감겨 있었어요. 너구리 목이 올무에 걸린 거였어요. 올무는 밀렵꾼들이 야생동물을 잡으려고 동물들이 다니는 길목에 철사를 감아서 설치한 덫이에요. 동물들은 걸어가다가 숨겨져 있는 올무에 다리나 목이 걸려요. 풀려나지 못해 안간힘을 쓰다 보면 철사에 감긴 부위의 살이 파이고 찢어져요. 결국 올무에서 빠져나오지 못하고 고통 속에서 죽게 돼요. 어린 너구리는 불행 중 다행으로 산에 오르던 사람에게 발견되어 구조 센터로 왔지요.

너구리 목을 감은 철사는 이미 피부와 근육 깊숙이 파고든 상태였어요. 상처가 심각했기 때문에 우선 마취를 해서 고통을 줄이고 급하게 수술을 했어요. 썩은 살을 도려내는 수술은 오래 걸렸지만 성공적으로 끝났어요.

하지만 그 뒤, 한 달 동안 수술 부위를 치료해 줄 때마다 어린 너구리는 원망 어린 눈길로 나를 쳐다보았어요. 마치 왜 자기를 이렇게 아프게 만들었냐고 묻는 것 같았어요. 부끄럽고 미안하기만 했어요. 다행히 너구리는 상처가 낫고 체력을 회복하여 두 달 뒤에 원래 살던 곳으로 돌아갔어요.

이 너구리처럼 구조되었다가 야생으로 돌아가는 경우는 드물어요. 대부분 발견되지 못하고 죽거나, 길을 건너다가 로드킬을 당하거나, 서식지가 사라져서 목숨을 잃는 야생동물이 많아요. 그렇게 점점 야생동물은 우리 곁에서 사라지고 있어요.

지구가 만약 하나의 마을이라면, 이 마을에서 살아가는 동물들에게 우리는 어떤 이웃일까요? 주변의 친구들과 어울려 사는 '따뜻한 이웃'일까요?

아니면 친구들을 못살게 구는 '아주 문제 많은 이웃'일까요? 아마도 동물들 눈에는 아주 문제 많은 이웃으로 보일 것 같아요. 사람들만 편하게 살겠다고 주위 환경을 엉망으로 만들고 있으니까요.

지금까지 여러 동물의 입장에서 그들의 이야기를 들어 봤어요. 이제 동물들이 왜 아픈지, 얼마나 아픈지 조금은 알 수 있을 거예요. 가까운 반려동물부터 수백 킬로미터 떨어진 곳에 사는 북극곰까지 사람 때문에 살기가 점점 더 어려워져요. 지금부터라도 동물의 삶을 이해하고, 자연을 파괴하는 행동을 줄이고, 동물에게 사는 곳을 조금 양보하는 것이 필요해요.

함께 산다는 것은 누군가를 아프게 하거나 희생시키거나 모르는 척하지 않는 거예요. 서로를 지키고 보호하기 위해 나의 불편함을 참고 상대방을 배려하는 거예요.

야생동물이 살아가는 터전인 숲과 강과 바다를 보호해야 해요. 환경을 파괴하는 물건 대신 동물과 환경을 덜 해치는 물건을 사요. 여름엔 에어컨

온도 설정을 높이고 시원하게 입어요. 겨울엔 내복을 입고 에너지를 아껴요. 플라스틱으로 만든 물건을 될 수 있으면 쓰지 않아요. 이런 작은 행동이 바로 함께 사는 방법이에요. 그래서 언젠가 동물 눈에 사람이 따뜻한 이웃으로 보일 수 있도록 노력해 봐요.

    모든 생명이 행복해야, 우리도 함께 행복할 수 있어요.

생명에게 배운다 ❸ 함께 산다는 것

2020년 3월 5일 처음 찍음 | 2022년 7월 20일 세 번 찍음
글쓴이 마승애 | 그린이 김혜정
펴낸곳 도서출판 낮은산 | 펴낸이 정광호 | 편집 조진령 | 디자인 하늘·민 | 제작 정호영
출판 등록 2000년 7월 19일 제10-2015호 | 주소 04048 서울시 마포구 어울마당로5길 16 반석빌딩 3층
전화 02-335-7365(편집), 02-335-7362(영업) | 팩스 02-335-7380
홈페이지 www.littlemt.com | 이메일 littlemt2001ch@gmail.com | 트위터 @littlemt2001hr
제판·인쇄·제본 상지사 P&B

ⓒ 마승애, 김혜정 2020
ISBN 979-11-5525-130-0 73470

이 도서의 국립중앙도서관 출판예정도서목록(CIP)은 서지정보유통지원시스템 홈페이지(http://seoji.nl.go.kr)와
국가자료공동목록시스템(http://www.nl.go.kr/kolisnet)에서 이용하실 수 있습니다. (CIP제어번호: CIP2020007547)

•잘못 만들어진 책은 바꾸어 드립니다.
•책값은 뒤표지에 표시되어 있습니다.
•이 책 내용의 일부 또는 전부를 재사용하려면 반드시 저작권자와 도서출판 낮은산 양측의 동의를 받아야 합니다.
⚠ 종이에 베이거나 긁히지 않도록 조심하세요. 책 모서리가 날카로우니 던지거나 떨어뜨리지 마세요.

생명에게 배운다

지구에서 함께 살아가는 다채로운 생명의 이야기를 통해 '살아 있다' '알아 간다' '함께 산다'는 세 가지 주제를 탐구합니다. 살아서 숨 쉬는 생명 하나하나는 저마다 살아가는 방식이 있고, 누구도 함부로 그 삶을 훼손해서는 안 됩니다. 생명에게 배워야 할 것은, 사람이 어느 날 갑자기 이 세상에 뚝 떨어진 게 아니라 수많은 생명과 하나의 고리로 연결되어 있는 존재라는 사실입니다.

살아 있다는 것 윤소영 씀·신민재 그림

생겨난다, 촉촉하다, 적응한다, 싸운다, 돕는다, 유전한다, 진화한다, 죽는다, 이게 다 무슨 말일까요? 살아 있는 모든 것의 특징이에요. 살아 있다는 것, 혹은 살아 있지 않다는 것은 무엇을 뜻하는 걸까요?

알아 간다는 것 이원영 씀·강영지 그림

펭귄이 어떻게 살아가는지 궁금한 누군가는 멀고도 추운 남극까지 가서 펭귄을 기다리고 만나고 관찰하고 연구해요. 알면 알수록 더 궁금하고 알고 싶은 생명. 사람이 아닌 다른 생명을 알아 간다는 것은 어떤 의미일까요?

함께 산다는 것 마승애 씀·김혜정 그림

가까이 사는 개와 고양이, 아마존에 사는 앵무새, 북극에 사는 북극곰까지, 동물들이 지금 많이 아파요. 어떤 동물은 지구에서 곧 사라질지도 몰라요. 사람과 다른 생명이 함께 어울려 살기 위해서 무엇을 해야 할까요?